AF242428

NOS PRÉTENDANTS

PAR

ALIBI

I

LE PRINCE NAPOLÉON?

OUI !

...« Invincible Empereur, un tas de nains difformes,
« Se taillent des pourpoints dans ton manteau de Roi... »

Ruy-Blas, acte 3, scène II.

Prix : 15 Centimes

PARIS

BIBLIOTHÈQUE NAPOLÉONIENNE
VICTOR DAIREAUX, Editeur
Ancienne Maison Henri GUÉRARD
156, *Rue de Rivoli*, 156

1879

LE PRINCE NAPOLÉON ?

OUI !

SOMMAIRE :

LE PRINCE NAPOLÉON?
OUI !

Avant d'acclamer le Prince Napoléon, avant d'énumérer ses titres aux respects et aux dévouements de tous, avant de parler des grands devoirs qui s'imposent à lui et des grandes choses qu'il doit un jour réaliser : qu'il me soit permis de revenir quelque peu en arrière et d'arrêter mes pas aux tombeaux de Napoléon III et du Prince Impérial, pour y recueillir ma pensée et y déposer religieusement la fleur bénie du Souvenir.

I

Ce fut l'orage révolutionnaire de septembre 1870 qui emporta par delà les flots, la tige brisée, mais majestueuse du grand arbre imp rial, l'Empereur Napoléon III; la branche fleurie de cette tige, la bonne Impératrice; le rameau verdoyant de cette tige et de cette branche, le jeune et si gracieux Prince Impérial.

O grande et noble Famille Impériale de France! la Providence n'a pas été avare dans ses dons pour te créer martyre et te conduire à la mort, en te faisant passer par les douleurs et les épines d'un autre Calvaire!!!

Au milieu de janvier 1873, que nous voulait cette foule qui s'en allait par les chemins de Cambden-Place vers le seuil d'une chapelle funèbre?

« Dans leurs voiles traînants, les femmes ressemblaient à la pleureuse antique. »

Qu'était-ce donc? C'était l'Empereur de France qui venait de mourir sur la terre d'exil. Napoléon III n'était plus.

« Derrière le char ou Nice avait épuisé ses violettes et Paris ses immortelles » marchaient les fidèles de l'exil, les courtisans invaincu par l'Infortune.

« Et pendant que la Veuve éplorée sentait s'appesantir sur elle la couronne du malheur, — un adolescent, presque un enfant, étouffait ses sanglots pour conduire lui-même en fils et en prince le deuil du grand mort : »

« Adieu Sire ! Sedan vous a refusé six pieds de terre française. » Vous allez dormir votre sommeil à l'étranger, dans l'enceinte d'un cimetière de village, sous le porphyre offert a vos mânes errantes par une amitié auguste.

« Puis, quand le prêtre aura dit les dernières prières, quand le dernier ami se sera retiré, le lierre grimpera aux murs de la chapelle, le silence éternel se fera sur celui que saluèrent les tonnerres de Magenta et de Solférino. L'Empereur est mort ! vive l'Empereur ! !»

II

Salut à toi, Fils de l'Empereur !

Il était élégant et fier sous l'uniforme, pas d'officier plus brave et de plus hardi cavalier, un regard plein de langueur où passait la rêverie, des allures franches, un langage loyal, un éclair impérial dans un œil bleu, un cœur tendre et chevaleresque, une âme généreuse et chrétienne, l'idole de sa mère, l'idole de la France.

Quand il allait de sa maison à la chapelle Sainte-Marie, et de la chapelle à l'Ecole, il y avait dans le ciel brumeux de l'Angleterre, je ne sais quelles effluves printanières, et quels doux murmures à travers les buissons. L'Espérance chantait son cantique de joie, le renouveau de l'Empire.

« Non, ce n'était pas l'Espérance. » C'était le noir destin, le *Fatum* des Anciens. Il était! Il n'est plus!!! « Un bruit de guerre s'est fait entendre à l'autre bout du Continent noir. Quel coursier généreux n'a point henni à l'appel du clairon? » Et puis le dégoût lui montait aux lèvres des attaques venues de son pays. » ... Ni les supplications amies, ni les larmes de sa mère n'ont pu le retenir. « En vain blanchit à l'horizon Sainte-Hélène, écueil sinistre, il va chercher la mort comme on cherche une fiancée, et la mort se donne à lui dès son premier combat. » — « Et le bras est tailladé de coups, et le cœur a été percé d'outre en outre, et par dix-huit blessures le sang s'est écoulé, car une seule n'eut pas suffi à cette grande âme pour sortir du corps ! »

Il revint dans le pays d'Europe entouré de soldats anglais qui portaient ses restes inanimés sous un ciel de feu, à travers les ravins, les fondrières et les hautes herbes sauvages.

L'ordre du jour d'embarquement de ses restes fut ainsi libellé par le général en chef de l'armée anglaise :

«En suivant le cercueil qui contient le corps de feu le PRINCE IMPÉRIAL DE FRANCE, et en donnant à ses cendres le dernier tribut de tristesse et d'honneur, les troupes se souviendront :

1° Qu'il était l'héritier d'un nom puissant et d'une grande renommée militaire ;

2° Qu'il était le fils du plus ferme allié de l'Angleterre dans les jours de dangers ;

3° Qu'il était l'unique enfant d'une Impératrice veuve, qui reste maintenant sans trône et sans enfant, en exil, sur les côtes de l'Angleterre.

Pour se pénétrer plus profondément encore de la douleur et du respect que l'on doit à cette mémoire, les troupes se rappelleront aussi que le PRINCE IMPÉRIAL DE FRANCE est tombé en combattant comme un soldat anglais. »

Le vaisseau qui le ramena sur les Océans, fit escale à Ste Hélène : « et les habitants de l'île ne sachant comment honorer le petit neveu du héros dont ils avaient gardé les cendres, allèrent couper quelques immortelles qui avaient poussé à la place même où le grand Empereur avait dormi, et pieusement les déposèrent sur le cercueil. »

Et l'ombre de Napoléon 1ᵉʳ vint errer dans la solitude des Afriques pour sourire au fils de sa race, et lui montra « au-delà des mers comme au-delà de l'exil, l'asile glorieux ou il l'attend pour le garder à ses côtés. »

Et la France pleura cet enfant, son enfant a elle, le meilleur, le plus brave, le plus aimé.

Et les Fils et les Filles de France le pleurèrent. Et les Mères le pleurèrent, et toutes supplièrent à genoux le divin crucifié, de prendre en pitié son âme et celle de sa mère. Et sa Mère, pleura sur lui tous ses pleurs sans vouloir être consolée.

Et quand sur le seuil de la maison impériale vint à passer le cercueil du Prince porté sur l'affut d'un canon anglais, cette pauvre mère enlaça tendrement ce cercueil de son enfant dans une étreinte d'amour déchirant et d'angoisse inexprimable.

Et l'Impératrice des Indes, déposa sur lui, les lauriers et les palmes d'or, et la Reine du Royaume-Uni vint lui ouvrir son Panthéon de Westminster.

Et Monseigneur le Prince Napoléon le pleura.

Et leurs Altesses les Princes Victor et Louis Napoléon le pleurèrent.

Et le Pape Léon XIII pleura ce filleul bien aimé de son prédécesseur, le doux Pie IX.

. Et le Prince Bonaparte, Cardinal de la Sainte Eglise le pleura et lui donna le don du Christ Jésus : la pitié et le pardon divins.

Et le Cardinal Manning, Archevêque de Westminster le pleura, et donna à sa douce mémoire un éloge royal, la louange que donnait Bossuet aux fiers soldats et aux âmes héroïques du grand siècle.

Il a dit de Lui :

« .... Et nous prions pour ce jeune et noble Prince qui a disparu comme un rayon de lumière et que notre terre ne reverra plus... »

« .... Partout ou il y a un cœur généreux, là se trouvera la douleur ; partout où il y a seulement un cœur chrétien, là pareillement se fera sentir la douleur ; partout où il y a un cœur simplement humain, là aussi éclatera la douleur. »

« .... La France pleure, mais l'Angleterre pleure aussi.»

« .... Si jamais il y eut un Fils de France, ce fut lui. »

« ..... Si jamais fils mérita l'amour d'une mère, c'était lui ! Si jamais mère aima son fils c'était elle ! Quelle désolation ! Et maintenant e ! ! !..... »

Et tous les cœurs que le Christ a touchés et émus, se sont émus de tendresse pour ce Prince si pieux et si épris du Christ et de sa Croix.

Et toutes les âmes catholiques, et jusqu'aux âmes de bonne foi captives sous le joug de la Réforme ont murmuré à Dieu en sa faveur la Prière composée par lui avant son départ pour le Cap: Prière de l'extase, saluant la mort comme une messagère amie.

Et le ciel de juillet se voila de nuages à l'heure de ses funérailles, et pendant qu'on l'étendait dans sa couche de marbre, à côté du grand Empereur son père, ses amis de France faisaient sonner le glas funèbre dans toutes les églises et effeuillaient pour lui devant les autels du Christ, des croix de violettes, des couronnes d'immortelles et des rameaux de buis bénit.

Et hier, quand revinrent les derniers officiers qui avaient combattu avec lui aux champs de bataille du Cap noir, l'un d'eux, sir Evelyn Wood, parla en ces termes :

« Où est l'honneur, si ce n'est dans l'accomplissement du devoir? En rappelant ceux qui ont si noblement payé leur dette, je dois rappeler ce jeune héros, fils du Prince qui fut l'allié de l'Angleterre, dont la Mère attristée vit entourée de nos respects sur notre sol hospitalier, lui, dont le corps a donné une noble réponse à cette question conservée par l'Histoire : « A-t-il reçu ses blessures par-devant? — car son corps était percé par-devant des coups de la sagaie. De lui, je puis dire comme Ross à Siward dans la tragédie de Macbeth :

« Votre fils, Monseigneur, a payé la dette d'un soldat. Il a vécu juste assez pour devenir un homme, et aussitôt que par sa bravoure il a montré qu'*il l'était* en vérité, gardant sans reculer la place où il combattait, comme un homme il est mort. »

Et Siward répond :

« Eh! bien, qu'il soit le soldat de Dieu! »

Oui! qu'il soit le soldat de Dieu et son élu dans son Paradis, lui qui était le soldat de la France, son élu pour le trône et pour la couronne.

Et désormais quand les souvenirs et les tristes pensées nous persuaderont de revenir sur le chemin des tombeaux de Napoléon III et du Prince Impérial, nous y trouverons une femme inconsolée, mais notre pélerinage sera bien doux à son cœur.

Courage à Elle, sous la couronne d'épines que Dieu lui a donné à porter, après avoir orné son front du diadème de France. Courage à l'Impératrice veuve, et qui « reste mainte-

nant sans trône et sans enfant, en exil sur le s
côtes de l'Angleterre! »

Et maintenant rallions-nous à ce cri d'Espérance : L'Empereur est mort! vive l'Empereur!
Le fils de l'Empereur est mort! Vive l'Empereur!!

III

Voici que des âmes pusillanimes, craintives
et illusionnées, ont dit en regardant une
dernière fois les tombeaux de la chapelle
Sainte-Marie : Les suprêmes espérances de la
dynastie napoléonienne sont mortes avec les

Napoléons, morts en 1873 et en 1879 ! ! Non !
les suprêmes espérances de la dynastie napoléonienne revivent dans le neveu du grand
Empereur, Monseigneur le Prince Napoléon,
et après lui dans ses deux fils, les princes Victor et Louis. « Un homme haut placé dans les
régions officielles dissipait naguère les illusions
de ses amis à qui la mort du Prince Impérial
causait une joie indécente : Prenez-garde, leur
disait-il, l'enfant a refait la légende, et l'Empire est représenté par un Prince de cinquante-
sept ans. »

Il avait raison, cet homme. Ce n'est pas seulement la légende qui est refaite ; — la légende, à tout prendre, n'était pas si ébranlée
qu'on se plaît à le dire ; — le peuple, Dieu
merci, a le sentiment plus juste et plus éclairé
des responsabilités encourues.

C'est l'Empire qui est reconstitué dans sa vérité historique et dans sa réalité populaire.

Le Prince Napoléon est le représentant de
l'hérédité impériale, de par le plébiscite de
1870. Il l'est en vertu d'une décision rendue
par le peuple sur la proposition de l'Empereur
Napoléon III, et l'article 4 de la Constitution
relatif à ses droits est ainsi conçu :

« A défaut d'héritier légitime, direct ou
« adoptif, sont appelés au trône le Prince Na-

« poléon (Jérôme) et sa descendance directe
« et légitime, de mâle en mâle, par ordre de
« primogéniture. »

Et que nul ne vienne soutenir la thèse ad-
verse ? Toutes les subtilités casuistiques mises
en œuvre échouent fatalement contre cet article de la Constitution.

Et lorsque finira la triste période politique
que nous traversons, c'est sur cette Constitution
que le peuple sera consulté ; (car on ne peut
pas lui opposer une autre question avant de sa-
voir s'il entend maintenir son arrêt ou le rap-
porter).

L'hérédité impériale appartient au Prince
Napoléon seul, et elle est entre bonnes mains.
Nul plus que lui n'a le sentiment de la mission
de l'Empire. Il l'a reçu dans l'étude de l'Empire,
et on peut le dire sans exagération dans la
contemplation de son fondateur, aussi, il semble
que son esprit comme ses traits en ont gardé
l'empreinte.

Nul plus que lui n'est en mesure de diriger
le parti de l'Appel au peuple dans les grandes
voies démocratiques, sans le compromettre à
gauche avec la république, sans le compromettre à droite avec la royauté.

Nul plus que lui n'est capable d'aller à la
et des impérialistes, droit au peuple têet de

lui dire : « Non, nous ne sommes pas des royalistes, parce que la royauté repose sur la négation de la souveraineté nationale et qu'on ne remonte pas ce fleuve où depuis quatre-vingts ans la démocratie coule à pleins bords! Mais nous ne sommes pas des républicains, parce que les républicains avilissent la souveraineté nationale qui n'est plus qu'un prétexte pour leurs compétitions misérables, et qui, dans leurs mains devient toujours l'instrument de la plus détestable anarchie. — Nous sommes des impérialistes, c'est-à-dire des hommes d'ordre et de démocratie, des hommes enfin qui ne séparent pas le principe d'autorité de la garantie démocratique.»

Nul plus que lui n'est capable de barrer le chemin à la République sanglante. La République marche à grands pas.

Pour durer, il fallait qu'elle sût et qu'elle pût s'arrêter.

Comme le juif errant, elle entend une voix qui lui crie et lui commande: Marche! marche!

C'est la voix de la Révolution.

Qu'elle lui obéisse, et elle est perdue, car elle rencontrera sur son chemin l'épée de la France conservatrice, confiée pour la troisième fois à un Bonaparte! Et ce Bonaparte sera le Prince Napoléon.

Comment l'Empire reviendra-t-il ? Nul ne le sait, mais ce que je puis affirmer, c'est que nous tous impérialistes, sous la conduite de notre chef, le Prince Napoléon, nous sommes prêts, prêts à tout pour sauver notre pays, si la Révolution venait à le mettre en péril.

Avec le Prince Napoléon, l'Empire ramènera la prospérité financière, industrielle et a gricole, chassée de France par la République.

Avec le Prince Napoléon, l'Empire rendra berté religieuse, la liberté de conscience, la liberté des pères de familles, le droit aux fréquenter les écoles de leur choix.

Avec le Prince Napoléon, l'Empire brisera le monopole du laïcisme et ramènera à leurs écoles, ces humbles instituteurs du peuple qui usent leur vie à l'instruire et à le moraliser, et qui, au jour des grandes épreuves, meurent dans les rangs du peuple comme des héros et des martyrs.

Avec le Prince Napoléon, l'Empire rendra à la magistrature sa noble indépendance, à l'armée sa fierté patriotique, au clergé sa liberté moralisatrice.

Avec le Prince Napoléon, l'Empire ne sera pas comme la République, un gouvernement de réformes turbulentes, de systèmes subversifs,

de violences du pouvoir et de désorganisation
sociale, mais bien un gouvernement sage, pon-
déré, organisateur, faisant appel à tous les
bons esprits et réclamant le concours de tous
les humbles comme des puissants.
Avec le Prince Napoléon, l'Empire sera à
l'intérieur, l'ordre, sans lequel il n'y a rien de
possible, mais l'ordre accompagné de libertés
sages et sérieuses.

Le Prince Napoléon a-t-il un programme
d'avenir et des projets personnels à réaliser?
Son programme politique est celui de son prédécesseur Napoléon III : restaurer l'Empire
avec ses grandeurs, ses prospérités, ses sécu-
rités et ses gloires.

Quels sont ses projets? Ce sont ceux des
Napoléons : organiser et pacifier la démocratie,
garantir l'égalité, respecter la société civile,
sauvegarder la liberté religieuse, stimuler le
travail, améliorer le sort de l'ouvrier, relever
sa condition, en un mot, faire œuvre grande
et féconde en bienfaits pour la gloire du pays
et du peuple de France.

Est-il nécessaire que le Prince Napoléon
expose ses doctrines, ses pensées, dans un
manifeste public? Non, certes! Il pourrait ré-
pondre aux indiscrets ce qu'écrivait le Prince
Impérial en date du 6 septembre 1878 :

..... « Toute parole venue directement ou indirectement de moi sera immédiatement dénaturée et tournée contre moi... « Je n'ai, moi, rien à dire publiquement, sous peine de me retirer les moyens de faire un jour le bien que je suis résolu à faire. »

Le Prince Napoléon (dans une lettre rendue publique le 26 septembre 1873), a écrit cette parole qui est tout un programme :

« *L'alliance de la* DÉMOCRATIE ET DES NAPO-« LÉONS *a été le but que* J'AI POURSUIVI DANS « TOUS LES ACTES DE MA VIE POLITIQUE. »

Deux mois auparavant le comte de Chambord avait écrit :

« *La France m'appellera et je viendrai à* « *elle* TOUT ENTIER, *avec mon dévoument,* MON « COURAGE et MON DRAPEAU. »

Le choix de la France démocratique ne sera pas douteux, elle acclamera le Prince Napoléon, elle fera de lui mieux qu'un prétendant, mais un Empereur, sur qui elle se reposera pour la venger des flétrissures que lui a faites la République des émeutiers du 4 Septembre.

L'Empire, avec sa griffe démocratique, a laissé trop de traces vivantes au sein du peuple pour avoir à redouter les rivalités et les compétitions du *droit divin* ou du *droit constitutionnel* (1). Le peuple a toujours aimé ses Empereurs, il aimera le Prince Napoléon de toutes les forces vives de son âme comme il aimait Napoléon Ier, Napoléon III et le *Pe tit* Prince Impérial.

« J'espère, disait Napoléon, en recevant le
« Sénat, qui venait lui apporter le sénatus-
« consulte, décrétant l'hérédité dans la dynas-
« tie de l'Empereur, j'espère que la France ne
« regrettera jamais les honneurs dont elle
« environnera ma famille. » (2)

FIN.

---

(1) « Non, les impérialistes n'iront pas à la monarchie. Comme l'ont problamé les députés de l'Appel au peuple, l'Empire est debout : il a son chef dynastique, désigné par la Constitution que huit millions de suffrages ont consacrés ; il attend son heure, et cette heure viendra un jour marqué pour le relèvement de la France. »

(2) En mai 1865, lorsqu'il fut appelé à représenter l'Empereur, à l'inauguration du monument élevé à Ajaccio, à Napoléon Ier et à ses quatre frères, le Prince Napoléon tint un langage qu'il est bon de citer aujourd'hui, que la France est gouvernée par des hommes qui, alors se prétendaient libéraux et dont les promesses ont été vaines :
« La liberté est un mot vague qui s'interprète di-
« versement. Quelle interprétation voulait lui do n-
ner Napoléon? Les rois de France revenus av ec

« l'étranger, ont parlé aussi de liberté; mais ils
« n'ont voulu que refaire le passé. Il m'a toujours
« semblé que la liberté, rêvée par Napoléon était
« bien plus celle qui s'appliquait à tous, dont tous
« pouvaient profiter, que cette liberté restreinte et
« qui n'est qu'un privilége octroyé; les points ca-
« ractéristiques de l'une, sont le suffrage universel
« loyalement appliqué, la liberté complète de la
« presse sous le droit commun et le droit de réu-
« nion; ceux de l'autre, au contraire : le suffrage
« restreint à un petit nombre de privilégiés qui
« s'appellent le Parlement. J'aime la liberté sous
« toutes ses formes, mais je ne vous dissimulerai
« pas ma préférence marquée pour ce que j'appelle
« la liberté de tous; elle me semble plus conforme
« à l'esprit de mon pays; oui, je préfère la liberté
« et une politique influencée par l'opinion publique
« libre, à des ministres résultant souvent d'une co-
« terie parlementaire qui s'impose au souverain. —
« On cède plus facilement à la volonté d'un peuple,
« qu'à une coalition souvent négative. »